LETTRE
A S. M. L'EMPEREUR
SUR
LA VILLE DE PARIS.

LETTRE

A

S. M. L'EMPEREUR

SUR

LA VILLE DE PARIS

PAR

ALEXANDRE WEILL

PARIS
DENTU, LIBRAIRE
13, GALERIE D'ORLÉANS, PALAIS-ROYAL
Et chez tous les libraires de Paris.

1860

LETTRE

A S. M. L'EMPEREUR

sur

LA VILLE DE PARIS.

———◦◦◉◦———

Sire,

Bien que l'on puisse dire à Votre Majesté des choses très-agréables, en restant dans la stricte vérité et sans pouvoir être qualifié de flatteur, j'aime mieux sans préambule entrer en matière.

Quand on est dévoré de la passion du bien, Sire, à notre âge, le temps se fait court. Abuser de vos moments, ce serait un crime de lèse-Etat.

Sire, depuis que les rues stratégiques de Paris sont percées et achevées, à chaque maison qu'elle exproprie, démolit et rebâtit, l'administration de la Ville élève quatre ou cinq barricades contre votre gouvernement et crée cinquante ennemis à votre pouvoir.

Car il ne s'agit plus ni de salubrité, ni d'embellissement, ni d'utilité publique. Sauf quelques exceptions que l'on peut compter, tout ce que l'on fait aujourd'hui à Paris est pure spéculation.

De temps en temps, Sire, l'administration de la Ville publie un rapport tendant à prouver que les constructions dépassent de beaucoup les démolitions et que le nombre des maisons nouvellement bâties excède celui des vieilles propriétés démolies.

Cela est *malheureusement* vrai, Sire, et tant pis pour les habitants locataires de Paris.

Car, grâce au système suivi par la Ville depuis dix ans, PLUS ON CONSTRUIT, PLUS LES LOYERS AUGMENTENT ! ET PLUS ON CONSTRUIRA, PLUS LES LOYERS AUGMENTERONT !

C'est forcé ! c'est inévitable !

Voici pourquoi, Sire.

La Ville de Paris n'exproprie ni sur le prix

d'achat, ni sur un taux de bénéfice, fût-il de dix pour cent, ni sur un classement de zones, ni même sur l'ancien principe de force majeure.

Elle estime ou fait estimer les locaux d'après le taux des loyers existant dans le quartier au moment de l'expropriation.

Et elle spécule sur ces terrains !

Elle les vend d'ordinaire à de gros financiers, à des compagnies, qui, pouvant attendre, spéculent à leur tour sur l'air et le jour du peuple de Paris.

Il y a sept ans, elle expropriait dans le centre de Paris à 500 fr. le mètre qu'elle revendait 700 et 750. L'acheteur, calculant ses loyers sur le prix d'achat, augmenta forcément ses locataires, d'autant que la grande quantité de démolitions et de reconstructions amenait une grande augmentation dans les prix des matières de construction. Je ne parle pas du salaire augmenté dont se plaignent quelquefois les propriétaires et qu'ils font triplement payer aux locataires ; le salaire de l'ouvrier n'est jamais assez haut, ce que j'aurai l'honneur de prouver.

A mesure que les propriétaires des maisons neuves augmentaient forcément les loyers, les propriétaires des vieilles maisons suivaient ce mouvement ascendant avec une ardeur toute guerrière, digne d'une meilleure cause.

Deux ans plus tard, la Ville, expropriant toujours sur la valeur des *loyers augmentés* et *spéculant toujours sur ses terrains*, payait elle-même 700 fr. le mètre pour le revendre avec bénéfice.

Et pour que la Ville puisse gagner sur ces terrains et trouve des acquéreurs à des prix fabuleux, il est de son intérêt que les loyers augmentent toujours.

De cette manière, la Ville de Paris, véritable marâtre, Sire, spécule sur la grande majorité de ses enfants les plus travailleurs et les plus pauvres.

De là cette rage de démolir des quartiers qui n'en sentent nullement le besoin. De là encore l'habitude passée à l'état de monomanie de percer des boulevards qui ruinent les rues existantes et ouvrent de vastes artères... de spéculation.

Puis, plus les loyers sont chers, plus les impôts augmentent et toujours aux dépens du locataire.

Des quartiers entiers, Sire, ont été vendus à de gros financiers (boulevard Magenta. Monceaux va l'être). Ils ont bien cédé à la Ville quelques rues ; mais grâce au mouvement, c'est-à-dire grâce à la cherté excessive des loyers, qui paraît être le rêve doré de nos croquants, un mètre de ces terrains se vend avec 200 francs de bénéfice.

Sire, il me semble entendre les partisans de ce système vous répétant :

« Mais si les loyers sont chers, à qui la faute,
» sinon à la concurrence des locataires et des
» acquéreurs de terrains? Cela prouve la pros-
» périté inouïe qu'aucun règne n'a pu atteindre
« jusqu'à ce jour. »

Sire, ce n'est pas seulement au chef du pouvoir que je m'adresse pour réfuter ces grands hommes de carrefours et de cours qui vont brodant des banalités neuves sur d'anciens lieux communs, mais à l'auteur original et prédestiné de l'Extinction du Paupérisme.

Le vrai est simple, Sire, mais pour le voir il faut l'œil intérieur de la raison. Tous ces défenseurs de l'abus du capital s'appellent Josse et ne sont pas orfèvres.

Le progrès social — c'est Votre Majesté qui l'a dit — ne consiste pas dans la grande somme des richesses nationales, mais dans la juste et féconde répartition de ces richesses.

Ces richesses sont représentées :

Premièrement : par le travail du passé (capital).

Secondement : par le travail du présent (salaire, honoraires, appointements, bénéfices du commerce et de l'industrie).

Un grand penseur a dit : « Le capital est l'engrais créé par le passé. Il n'a d'autre mission que de féconder le travail du présent. »

Le progrès, c'est-à-dire, le mouvement social *ascendant* est donc facile à définir.

Là où le capital rapporte peu et où le travail

rapporte beaucoup, là est le progrès, car là est la prospérité réelle.

Non-seulement progrès matériel (les moyens) mais encore progrès intellectuel (le but).

Quand le travailleur, au lieu d'être courbé sur la terre et sur son outil depuis le matin jusqu'au soir, gagnera de quoi pouvoir cultiver son intelligence et celle de sa famille, il y a forcément progrès. La société monte de la terre vers le ciel, de la guerre vers la paix, de la haine vers l'amour, de l'antagonisme vers la fraternité. Le grand Leibnitz a dit : « L'homme se trouve en voie de salut, dès qu'il peut quitter le travail extérieur pour travailler intérieurement sur soi-même. » Donc, on ne saurait trop le répéter, moins le capital comme instrument du travail rapporte, et plus le travail des bras et de la tête prospère, plus l'État est sûr de se trouver dans la voie divine et humaine du progrès.

Par contre, partout où le capital prospère aux dépens du travail, partout où le passé exploite le présent, le progrès est *descendant*, c'est-à-dire, la société recule et se prépare des maux sans fin. Tôt ou tard, il faut qu'elle fasse des enjambées pour rattraper le progrès qui avance toujours; car le progrès c'est le temps, et le temps c'est Dieu qui marche. Ceux-là alors n'ayant plus la force de suivre, ou sont jetés par-dessus bord pour combler l'abîme qui sépare le passé de l'avenir, ou sont laissés en arrière dans la misère, l'abandon et le mépris.

Les grands législateurs, Sire, n'ont eu garde de fixer un taux ou une limite pour ce crime social. Mais tous ont flétri l'exploitation du travail par le capital, sous le mot d'usure, de dol et de droit du plus fort.

Toutes les grandes révolutions d'Athènes, de Rome et de l'histoire moderne, n'ont eu d'autre raison d'être que l'abus que le passé fait du présent, soit par l'usure du capital et de la terre, soit par la détention des droits naturels que les hommes du passé s'adjugent en guise de priviléges, dans la douce illusion de pourvoir arrêter le temps.

Des esprits *malhonnêtes* prêchent depuis quelque temps *la liberté absolue des transactions*, mot qu'ils ont inventé pour innocenter l'usure.

Or, c'est tout simplement jeter le faible dans la gueule du fort, mettre le pauvre (le travail) à la merci du riche (instrument du travail, et c'est lui faire beaucoup d'honneur), et laisser exploiter l'infirme par l'homme valide. Si cette liberté absolue était seulement possible durant 24 heures, il n'y aurait jamais eu ni code, ni législateur, et tout pouvoir serait une superfétation. Prudhon et Girardin proclameraient l'an—archie, qui les dévorerait les premiers, comme de juste.

Le pouvoir le meilleur ne représente, jusqu'à ce jour, que la justice ; *justice négative*, en ce sens qu'il empêche le mal, qu'il le signale et le punit ; mais en empêchant le mal, il donne au bien la liberté de germer, de pousser et de porter des fruits savoureux ; liberté qui, sans la justice exercée par le pouvoir, lui serait ravie par le mal.

L'usure, c'est-à-dire le crime de vivre des sueurs de son prochain et de l'empêcher de cultiver son âme et sa raison, commence partout là où le capital s'adjuge les fruits du travail. Il est des pays où deux pour cent constituent l'usure la plus odieuse.

Or, Sire, j'oserai parier ma tête qu'après une enquête consciencieuse faite sur les baux de Paris conclus depuis trois ans, il en jaillira le fait que voici :

« DEUX TIERS DES PROPRIÉTAIRES DES VIEILLES MAISONS DE PARIS VIVENT AUX DÉPENS DE LEURS LOCATAIRES ET FONT, SANS S'EN DOUTER, DE LA BELLE ET BONNE USURE AU PREMIER CHEF (1).

---

(1) Je me fais fort de prouver que sur cinquante baux signés depuis trois ans, quarante sont entachés de dol ou d'abus du droit du plus fort, en d'autres termes, d'usure.

Voici trois exemples dont je connais propriétaires et locataires. Mais je pourrais en citer vingt autres dont les locataires seuls me sont connus. Mme X..., couturière, a eu avec son logement 4,000 fr. de bail. Elle a gagné 100,000 fr. en vingt ans. Elle a dépensé 35,000 fr. de construction et d'agencement, et elle travaille avec quinze ouvrières. Son propriétaire, saisi par la manie de bâtir, le vertige du moment, a élevé le bail à 9,000 fr.,

En d'autres termes : ces locataires, sauf quelques rares industries, rapportant 50 et 70 pour

---

et, au lieu d'un logement au premier, il daigne lui accorder un cinquième. Le fonds de maison de Mme X... valait 100,000 fr. ; mais le propriétaire, sans s'en douter, a confisqué pour ainsi dire ces 100,000 fr. à son profit en élevant le bail de 4,000 fr. à 9,000 fr., sans compter que Mme X... a beaucoup moins d'emplacement qu'auparavant. Aussi est elle forcée, malgré son âge, de travailler toujours, au risque de reperdre en cinq ans tout le bénéfice de ses sueurs de vingt ans, au profit de son propriétaire, ce qui est très probable, car, par suite du renchérissement des loyers, les affaires de luxe diminueront forcément.

M. P... est épicier. Il y a payé 3,000 fr. de loyer. Son propriétaire s'est distingué en 1848 par la rougeur de ses sentiments. Depuis, il n'a plus de rougeur du tout. On va le voir. Au renouvellement du bail, il a loué la moitié de la boutique 4,000 fr. Puis, sous prétexte qu'il ne voulait pas renouveler le bail, il s'est fait donner un pot de vin de 25,000 fr. et a élevé le loyer à 5,500 fr.

M. F... est patissier. Il a acheté son fonds 35,000 fr. il y a quinze ans et il espérait le revendre lors du renouvellement. Le propriétaire, sans l'avertir, a sous-loué son local par bail en doublant les loyers, et l'a expulsé. Le pauvre homme, perdant tout son avoir, en est mort de chagrin. Mais le propriétaire est mort fou la veille de l'expiration du bail. Grâce au ciel, les deux autres se portent très bien.

Et voilà sur quelle base d'équité solide reposent les nouveaux baux. Tout cela est factice. Car comme dit David, qui connaissait bien les revirements de la fortune : « Quand Dieu ne bâtit pas une maison, c'est en vain que les gardiens la surveillent. » Toute conventio cent (je pourrais les nommer), travaillant, soit avec leurs familles, soit avec des ouvriers et des ouvrières, et forcés de gagner, non-seulement pour le présent, mais encore pour leur vieillesse, leurs enfants et les mauvais temps, n'économiseront pas LE QUART DE CE QU'ONT ÉCONOMISÉ ET CAPITALISÉ LEURS DEVANCIERS DEPUIS LE PREMIER JUSQU'AU SECOND EMPIRE.

La grande majorité de ces travailleurs sont, pour ainsi dire, les hommes liges de leurs propriétaires qui, en échange de leur travail, leur donnent : boutique, logement, dîner et habillement. Le reste se transforme en rentes, pour les propriétaires.

Ces propriétaires, Sire, *ont été en grande majorité les travailleurs du passé, depuis* 1820 et 1830. Ce travail leur a rapporté de quoi acheter des maisons qui, aujourd'hui, valent quatre fois le prix d'achat. *Mais si les propriétaires de leur temps se fussent fait la part léonine aussi grande*

---

commerciale ou politique dont les fondements ne sont pas basés sur la stricte justice tournera forcément contre l'oppresseur et l'*abuseur*.

qu'eux, — les gouvernements de ces temps ne l'auraient d'ailleurs pas permis,—*jamais ces travailleurs ne seraient devenus propriétaires* (1).

Certes, il y a une concurrence effrenée entre ces travailleurs locataires. On loue une boutique, un appartement à tout prix. On se jette à l'envi sur tous les locaux dans lesquels on espère gagner sa vie. Hélas! moins le travail rapporte, plus il y a de concurrents; moins il y a de travail, plus les travailleurs se l'arrachent, au risque de s'entretuer. Avant tout, il faut vivre! L'un se dit ; « moi, je n'ai pas d'enfants, je puis accepter ce marché; » l'autre espère faire des économies de toilette et de table ; le troisième s'exagère les bénéfices qu'il espère faire, grâce à un luxe éblouissant qui va éclip-

---

(1) J'ai fait une enquête sur une quarantaine de propriétaires dans un des plus beaux quartiers de la ville. En voici le résultat :

1, marchand de vins. 2, quincaillier. 3, nouveautés. 4, épicier. 5, boulanger. 6, marchand de vins. 7, marchand de vins. 8, menuiseries. 9, entrepreneur de fourniments. 10, pharmacien. 11, patissier. 12, quincaillier. 13, tailleur. 14, tailleur, et ainsi de suite. Sur ces quarante propriétaires, il y a un seul gentilhomme qui a hérité de sa maison.

ser tous ses concurrents. Quand les travailleurs étaient esclaves, ils se faisaient une concurrence bien plus grande ; ils étaient à vil prix. Quand ils n'étaient plus que serfs, ils coûtaient un peu plus cher, et la concurrence était moins grande.

Naturellement, c'est là le progrès. L'homme, en s'émancipant, tend à diminuer son travail matériel pour augmenter son travail intellectuel. Atteindre l'équilibre de ces deux genres de travail, c'est-à-dire la santé du corps et la raison, cette santé de l'âme, c'est là le but de la civilisation.

Vous le voyez, Sire, Paris si brillant, si élégant, si luxueux, tourne, depuis trois ans, le dos au véritable progrès.

Paris, loin de marcher dans une voie de *prospérité* solide, capable de résister aux chocs du destin, n'a qu'une prospérité apparente, une prospérité de minorité aux dépens de la masse.

Or, Sire, c'est Votre Majesté qui l'a dit :
« On ne gouverne qu'avec la masse. »

Qu'il y ait à Paris une stagnation d'affaires

un peu prolongée, *la crise serait terrible*, non pour les propriétaires, Sire, mais exclusivement pour les locataires. Car, en vertu d'un privilége odieux (1), le propriétaire, en cas de faillite, confisque tout, meubles, marchandises, créances, et prélève, avant tous les créanciers, même avant la femme, la somme des loyers *pour toute la durée du bail.*

Les créanciers n'ont même pas le droit de déposer en garantie la valeur de cette somme. Le propriétaire, lui, est autorisé à vendre tout, et à tout prix, afin de prélever ses loyers pour toutes les années de son bail.

C'est ainsi que deux millions d'habitants se trouvent à la merci d'une centaine de mille de propriétaires qui, eux-mêmes, seront dévorés par nos grands croquants financiers enrichis et engraissés aux frais de l'Etat. Car ceux-là, Sire, n'ont rien gagné par leur travail. Votre pouvoir gracieux leur a fait cadeau de tout.

Votre Majesté, en cela, est encore supérieure

---

(1) Voir le jugement de la Cour de cassation cité dans *Paris inhabitable.*

à son siècle. On ne fait plus de grands ingrats !

On a dit que l'augmentation exorbitante des loyers venait de l'abaissement du prix de l'or par la Californie. On a dit une niaiserie, car ni le salaire, ni le prix des vivres, ni les bénéfices du commerce n'ont suivi ce mouvement. Sauf quelques ouvriers de construction, ni les fonctionnaires, ni les artistes, ni les employés du commerce, ni les écrivains ne reçoivent un salaire proportionné à l'augmentation de leurs loyers. Bien au contraire. Certaines industries, surtout celles de l'intelligence, rapportent beaucoup moins aux producteurs que par le temps passé. Naturellement, l'intermédiaire qui paye des loyers triples, au lieu de rémunérer le travailleur et d'augmenter l'honoraire, est forcé de le diminuer pour pouvoir satisfaire aux exigences de son propriétaire.

On a, avec plus de raison, attribué la cause de l'augmentation des loyers à l'affluence des locataires de la province et de l'étranger que les chemins de fer déversent tous les jours dans la capitale.

Mais cette cause n'est encore que secondaire. Un grand nombre de familles étrangères ont quitté Paris précisément pour éviter la cherté des loyers qui dépassait leur budget. L'affluence à la capitale est devenue beaucoup moins grande. On y vient encore, mais on n'y reste plus comme autrefois dans un but d'économie.

D'ailleurs, le chemin de fer, c'est la lance d'Achille. Il peut guérir, dans l'intérieur de Paris, les blessures qu'il a portées à la ville par le rayonnement à l'extérieur. Malheureusement l'administration de la cité, qui ne consulte plus ses habitants, après avoir subi le mal, vient de se couper cette voie de salut.

Elle vient de renouveler au Crédit mobilier, ce fléau de Paris, un privilége de cinquante ans pour les omnibus (1).

---

(1) Depuis que la Ville de Paris a cédé le monopole du gaz au Crédit mobilier, elle est moins bien éclairée qu'une ville de province. Les particuliers seuls en font les frais, sauf le dimanche où l'on n'y voit goutte en plein boulevard. Quant aux particuliers, ils paient autant et plus qu'auparavant, seulement leur gaz est de moins bonne qualité, et ils sont soumis à mille tracasseries.

Sire, Paris est devenu la capitale des meurtres involontaires. Il est moins dangereux de faire le tour du monde que d'aller à pied de la Madeleine à la Bastille. On compte jusqu'à plusieurs milliers le nombre de personnes renversées par an, dont trois et quatre cents mourant sur place.

La police ne publie plus de rapport à ce sujet, mais il y a dix ans le nombre des victimes s'élevait déjà à 1,000 par an.

Que chacun s'en rende compte.

Dans l'espace de deux ans, deux de mes con-

J'ai placé toute ma petite fortune dans le Gaz de Paris. Ma plainte est donc plus qu'impartiale.

Lors de l'émission de ces titres, livrés aux anciennes compagnies pour la valeur de 1,000 fr., et vendues à la Bourse jusqu'à 1,140 fr., j'ai cru faire comme deux de mes amis, un placement honnête en échangeant de vieilles actions et en en achetant de nouvelles. Je ne savais pas que le Crédit mobilier s'était adjugé ces actions à 800 fr., qui, bientôt après, sont retombées à 680. Aussi a-t-on *refusé* dans la première assemblée de *laisser vérifier les comptes*, et l'assemblée houleuse s'est séparée sans rien décider. Depuis, je ne passe pas devant le palais du Faubourg-Saint-Honoré sans me dire :

« . . . .
. . . .
. . . . »

naissances ont été écrasées en plein **Paris** et enterrées.

Deux autres ont été estropiées, sans aucune indemnité!

J'ai vu cette semaine une voiture de propriétaire passer sur le ventre d'un ouvrier, au coin du concert Musard, et le cocher de fouetter et de sangler la figure des accourants qui voulaient l'arrêter (1).

---

(1) Voici ce qu'on lit dans une brochure remarquable qui vient de paraître : elle est de **M.** Pourrageaud, géomètre :

« Le trop grand nombre de voitures donnent la mort annuellement à 700 individus et en blessent 5,000. Malheur à celui qui est sourd ou qui ne voit pas clair ; cela ne regarde pas les cochers ; ils avancent sur vous cinq ou six à la fois ; s'ils ne vous tuent pas, souvent ils vous insultent.

» Quel est donc celui qui, pendant un séjour de dix ans à Paris, n'a pas vu sa vie exposée par les voitures, qui n'a pas été atteint par les chevaux, qui n'a pas été poussé, culbuté, quelquefois frappé ?

» Je vais citer un fait : le 25 octobre 1859, le pauvre Samson, ancien capitaine de navire, fils d'un juge de paix de Saint-Valery, me dit : « Une voiture vient de tuer une femme au bas de la rue de Rochechouart. » et le 28 du même mois, lui-même eut une jambe cassée par une de ces voitures. Je fus le voir à l'Hôtel-Dieu, salle Saint-Jean, n° 9. Il me dit : «Nous sommes ici, dans cette

Or, les voitures à Paris ne font qu'augmenter.

Des chemins de fer seuls à Paris même obvieraient à cet inconvénient homicide. Oui, Paris aura des chemins de fer à l'intérieur. Il me semble voir les victimes des voitures élevant leurs bras décharnés vers Dieu, pour maudire et vouer à l'exécration tous ceux qui s'y opposeront.

---

salle, quatre blessés par les voitures ; il y en a un là-bas, dans le coin, qui a la jambe cassée comme moi ; il a les os brisés, il n'en reviendra pas, mais moi j'en guérirai, je n'ai pas autant de mal. » Il en est mort cependant le 15 février dernier.

» Je voudrais que les administrations de voitures fussent condamnées à payer une somme de 10,000 fr. à la famille de chaque individu tué par leurs agents.

» Consultez un directeur ou un actionnaire de ces Compagnies ; demandez-lui si ce n'est pas trop cher de payer la vie d'un homme 10,000 fr. ; il vous dira sans doute que c'est trop, lui qui ne se ferait pas tuer pour 100,000 fr., au risque de passer pour un égoïste aux yeux de ses héritiers.

» A Paris les voitures tuent et blessent plus de monde que tous les chemins de fer en Europe ; elles en tuent et blessent plus que les quatre millions de voitures du reste de la France, nombre cependant vingt fois plus considérable. La différence des victimes, en raison du nombre, est d'un en province et de quatre cents dans Paris. Ne doutez donc pas que c'est l'encombrement qui occasionne la presque totalité de ces malheurs. »

Rien de plus facile que de sillonner Paris de huit à dix chemins de fer, légers, élégants.

Il ne s'agit même pas de vitesse. L'utilité du chemin de fer consiste en ce qu'il transporte 500 voyageurs à la fois et à des heures fixes, avec des stations assez rapprochées et des gardiens à toutes les rues transversales. Par ce moyen seulement, il serait possible de demeurer dans l'ancienne banlieue annexée et hors de Paris. Par ce moyen enfin, les loyers diminueraient.

Nos petits esprits à ras de terre, diront que non. Ils trouveront mille impossibilités. Les uns n'aiment pas des rails rentrants dans les rues, d'autres sont offusqués par la fumée, d'autres encore trouveront que ce serait laid. Il faut toujours casser des œufs de Colomb sur les crânes des hommes pour y faire entrer des vérités. Votre Majesté sait très bien casser de ces œufs, et les poser droit devant l'histoire.

Un chemin de fer élégant, léger, marchant au petit trot, à des heures fixes, ne renverserait pas le huitième de passagers que nos voitures se croisant, s'entrechoquant et se culbutant continuellement les unes les autres. Et les chemins de fer diminueraient les voitures de deux tiers.

Mais tout cela ne suffirait pas.

Il faut avant tout que la ville de Paris n'ait plus peur de partager le sort de la femme de Lot, et s'arrête un peu dans sa rage de spéculation sur les terrains, pour jeter un regard en arrière.

C'est grâce à la cherté de ces terrains que les maisons neuves n'ont plus de cour, et partant ni l'air ni le jour voulus pour la santé des locataires. C'est encore grâce à ce système que Paris a des *sous-sols* qui sont l'opprobre d'une architecture athée sans cœur ni art.

Il faudrait donc que Votre Majesté s'occupât Elle-même de la question de Paris, afin de connaître à fond la vérité, qu'Elle fît retremper le conseil municipal, ne fût-ce que pour la moitié des membres, dans le suffrage universel, ce saint-chrême du Pouvoir national.

La liberté municipale est la base de toutes les libertés légitimes et bienfaisantes. Elle est la racine de l'arbre politique et social.

« Aujourd'hui, a dit Votre Majesté, le règne des castes est fini. On ne peut gouverner qu'avec les masses. Il faut donc les organiser pour qu'elles puissent formuler leurs volontés et les discipliner pour qu'elles puissent être dirigées et éclairées sur leurs propres intérêts. »

« Gouverner ce n'est plus dominer les peuples par la force et la violence, c'est les conduire vers un meilleur avenir en faisant appel à leur raison et à leur cœur. »

« Il est de toute nécessité qu'il y ait dans la société deux mouvements également puissants. Une action du Pouvoir sur la masse et une réaction de la masse sur le Pouvoir (*Extinction du Paupérisme*). »

Sire, cette réaction de la masse des habitants de Paris sur le Pouvoir, par le conseil municipal, n'existe plus. Et c'est un grand malheur pour le Pouvoir autant que pour nous.

Certes, les membres du conseil actuel sont tous des hommes distingués, aussi probes qu'intelligents, mais enfin ils n'entendent plus que la cloche administrative et cette cloche pourrait bien ne plus être l'écho des vrais intérêts de Paris. Il faut absolument que la ville s'arrête dans sa rage de démolir.

Qu'elle change de système d'expropriation !

Que surtout *elle ne spécule plus jamais sur les terrains*, qu'elle laisse un peu plus de liberté de bâtir aux capitalistes et un peu moins à nos architectes-maçons.

Elle pourrait très-bien, en cas de force majeure, exproprier sur un taux de rentes fixé par le conseil municipal et le Corps législatif. Et ces terrains doivent être vendus au prix de l'expropriation, de plus les frais d'administration.

Non seulement, Votre Majesté, qui sait écouter — ce qui est un grand talent — fera bien de retremper le conseil municipal dans la source populaire, mais Elle sentira, tôt ou tard, le besoin de réorgarniser à fond le conseil de salubrité.

Ce conseil, Sire, n'agit que partiellement, la plupart du temps sur dénonciation. Pour certains détails, il donne signe de vie, mais en bloc il laisse faire des horreurs dont pourtant il devrait être responsable. On peut appliquer à ce conseil le proverbe allemand : « Ramasser une plume et jeter un lit. » Ou ce que dit Plutarque à de mauvais fonctionnaires : « Vous ne faites qu'inspecter des jambes gangrenées. »

Ce conseil voudrait chicaner sur la loge d'un portier, mais il laisse construire d'affreuses caves destinées, *sous le nom de sous-sol,* à des travailleurs de tout état.

Il laisse faire des cours étouffoirs, de vrais puits de dix-huit à vingt mètres de hauteur.

J'en connais, toutes neuves, ayant dix mètres de long sur quatre de large et vingt mètres de hauteur, c'est-à-dire sur cinq énormes étages.

Savez-vous, Sire, quelle est la limite de la loi pour une cour : — *Deux mètres carrés !* Une prison de Venise !

Sire, vous avez dit ce mot plein de cœur : « Il est naturel dans le malheur de songer à ceux qui souffrent. »

Il est malheureux que M. le Préfet de la Seine, MM. les Ministres et les Conseillers municipaux ne soient pas, ne fût-ce que pour quinze jours, dans le malheur de chercher un appartement convenable pour une famille, ou un local pour une industrie. Je voudrais que tous les architectes ayant construit des sous-sols et des cours à puits fussent forcés d'y demeurer trois mois d'hiver, que les architectes et les propriétaires fussent tenus de monter cinq fois par jour cent vingt marches de cinq étages pour regarder des toits de cheminée, appartements qui se louent jusqu'à 4,000 fr.

Sire, non-seulement les loyers ont triplé et augmenteront toujours avec le système suivi par la Ville, mais les maisons neuves que l'on construit, sauf de très-rares exceptions, portent le cachet d'une époque de vils intérêts, sans entrailles pour le peuple, sans respect pour les lois sacrées de l'art.

Que Votre Majesté daigne seulement entrer dans la cour intérieure du bâtiment municipal en face de l'hôtel-de-ville — c'est une des plus belles, — et telle qu'elle est, c'est la cour d'un pénitentier!

Parfois, Sire, en parlant de ces inconvénients, j'entends des réponses qui sont de vraies lueurs d'abîme. Ainsi, j'ai entendu dire à un financier, comblé de vos bienfaits, qu'il ne fallait pas vouloir demeurer à Paris quand on n'a pas six mille francs à dépenser pour son loyer.

Bonté du ciel ! Quelle belle ville cela ferait qu'un Paris de riches ! Un Père-Lachaise qui marche !

Sire, avez-vous quelquefois jeté un coup-d'œil scrutateur sur les riches ? Je ne parle pas de ceux qui ont acquis de l'*avoir* par leur *être* et qui, comme le grand Salomon, n'ont leur fortune qu'en surcroît, mais de ceux qui n'ont d'autre état que d'être riches.

La pensée n'est-elle jamais venue à Votre Majesté, qu'à les voir, on est convaincu que de tous les dons divins, ce que Dieu estime le moins, c'est la fortune !

Eh bien ! Paris, la capitale du monde entier, la ville du progrès universel, cette cuve où se cuit l'avenir des nations; Paris, grâce aux spéculations malentendues de son administration, est menacé de devenir une ville de millionnaires et de mendiants, deux extrêmes qui se touchent et se ressemblent toujours !

L'artiste, le poète, le gai travailleur, l'inventeur, celui qui pense, chante, crée et fait produire, et puis cette gracieuse créature, cette seconde épreuve, revue et corrigée de l'image de Dieu, cette poésie vivante, trottante et flottante, cette abeille industrieuse que l'on ne trouve qu'en France, la Parisienne enfin ; nous tous tant que nous sommes, nous sommes menacés de ne pouvoir plus demeurer à Paris. Il n'y aurait plus dans la capitale que des sénateurs, des ministres, des financiers, des rentiers et des mouchards ! Comme ce serait gai !

Sire, si j'ose vous soumettre quelques vérités, c'est parce que je ne suis pas de mon époque. Comme les autres, j'ai largement payé ma part aux erreurs et aux défaillances humaines, mais je n'ai ni ambition, ni désir d'être quoi que ce soit.

Si grande que soit une jouissance, sauf celle de faire un peu de bien, je la trouve plus grande de pouvoir m'en passer.

Contrairement à mon siècle, dont d'ailleurs je n'ai nul droit de me plaindre, je crois que le travail est le but de l'homme, et que la jouissance n'est que le moyen, le repos exigé pour revenir au travail, d'abord pour soi, pour agrandir son âme et sa raison, puis pour les autres.

Nul animal ne travaille volontairement. Ceux qui s'approchant du règne hominal et qui ont l'instinct du travail, ne travaillent que pour eux et pour se reposer, comme nos rentiers et propriétaires repus.

Seuls, Dieu et l'homme créé à son image, travaillent volontairement, en vertu de leur raison, et ne se reposent que pour travailler de nouveau pour leurs semblables; autant de MOI sous une autre forme.

Vous êtes, Sire, un de ces travailleurs divins. Et c'est là votre gloire la plus certaine !

Les hommes de mon époque, les meilleurs, parlent souvent de leurs droits absolus.

Moi, je suis persuadé que nul ici bas n'a d'autres droits que ceux jaillis de ses devoirs accomplis, ou du devoir accompli d'autrui.

Et plus Dieu, synthèse du devoir et du droit

réunis, a doté l'homme d'intelligence, de pouvoir et de fortune, plus ce mortel a de devoirs à accomplir avant d'étendre la main vers la coupe des droits. Et encore entre la coupe et la lèvre, il y a souvent le destin !

Sire ! votre pouvoir représente les principes invincibles de QUATRE-VINGT-NEUF. Fausser ces principes, en détourner les conséquences, ce serait, nouveau Samson, SIRE, vous livrer, et nous avec vous, aux Dalilah des vieux Philistins.

Or, la liberté municipale est pour ainsi dire la clef de voûte de ces principes. Paris, la cité, est une terre d'Antée, que le pouvoir n'a qu'à toucher pour acquérir de nouvelles forces contre tous les ennemis du dehors.

Ces principes sont pourtant négatifs. Ils proclament l'égalité de la *Justice*. Ils signalent le mal, sans distinction de religion et de classe, et le punissent, pour que le bien puisse se produire et fleurir.

Ils sarclent, pour ainsi dire, les mauvaises

herbes pour que l'épi puisse germer, pousser et mûrir. Et si négatifs qu'ils soient dans leur essence, la France seule, ce pays élu de Dieu, les possède.

Mais le soleil, la pluie fertilisante, faute de quoi nul travail n'est fructifiant, ce n'est plus la *justice négative*, mais *l'amour positif*.

L'amour de Dieu et l'amour du prochain.

C'est le fort protégeant le faible. C'est le grand soutenant le petit. C'est le savant enseignant l'ignorant ; c'est l'homme valide soignant le malade. C'est le pouvoir libre venant au secours des opprimés, c'est le riche thésaurisant pour le pauvre, c'est le producteur travaillant pour son frère impotent ; c'est, en un mot, l'homme imitant son Créateur, se reconnaissant dans sa création, se dédoublant pour ainsi dire, pour se vouer à l'humanité ; l'homme qui non seulement ne fait pas le mal, ne le laisse faire nulle part à son prochain sans protester, mais encore qui fait le bien positif, partout et toujours, ou du moins dont les actions ont le bien pour but final.

Sire ! la vie n'est sûrement rien. La gloire est peut-être quelque chose.

Mais la gloire, c'est Dieu.

Et Dieu, c'est non seulement la justice, mais encore l'amour.

S'élever au-dessus des hommes pour n'être pas à leur niveau terrestre, à quoi bon ! ils sont si petits !

Mais s'élever pour se rapprocher de l'infini ! — Et l'homme, si haut qu'il soit placé, ne monte vers le Créateur qu'en s'abaissant vers ses créatures, pour les élever à leur tour : — Cela en vaut peut-être la peine !

Plus, Sire, vous descendrez pour écouter la voix du peuple travailleur et honnête, plus Votre Majesté s'élèvera dans la gloire de l'histoire, qui seule est la voix de Dieu !!

FIN.

Imp. de Schiller aîné, fg Montmartre, 11.

www.ingramcontent.com/pod-product-compliance
Lightning Source LLC
Chambersburg PA
CBHW060720050426
42451CB00010B/1550